BEI GRIN MACHT SICH WISSEN BEZAHLT

- Wir veröffentlichen Ihre Hausarbeit, Bachelor- und Masterarbeit

- Ihr eigenes eBook und Buch - weltweit in allen wichtigen Shops

- Verdienen Sie an jedem Verkauf

Jetzt bei www.GRIN.com hochladen und kostenlos publizieren

Bibliografische Information der Deutschen Nationalbibliothek:

Die Deutsche Bibliothek verzeichnet diese Publikation in der Deutschen National-
bibliografie; detaillierte bibliografische Daten sind im Internet über http://dnb.d-
nb.de/ abrufbar.

Coverbild: Olga Lyubkina @Shutterstock.com

Impressum:

Copyright © 2009 GRIN Verlag, Open Publishing GmbH
Druck und Bindung: Books on Demand GmbH, Norderstedt Germany
ISBN: 978-3-668-13808-7

Dieses Buch bei GRIN:

http://www.grin.com/de/e-book/314865/der-zen-buddhismus-im-ueberblick-
begriffe-lehren-und-religioese-praxis

Frank Drescher

Der Zen-Buddhismus im Überblick. Begriffe, Lehren und religiöse Praxis

Eine Darstellung aus religionswissenschaftlicher Perspektive

GRIN Verlag

GRIN - Your knowledge has value

Der GRIN Verlag publiziert seit 1998 wissenschaftliche Arbeiten von Studenten, Hochschullehrern und anderen Akademikern als eBook und gedrucktes Buch. Die Verlagswebsite www.grin.com ist die ideale Plattform zur Veröffentlichung von Hausarbeiten, Abschlussarbeiten, wissenschaftlichen Aufsätzen, Dissertationen und Fachbüchern.

Besuchen Sie uns im Internet:

http://www.grin.com/

http://www.facebook.com/grincom

http://www.twitter.com/grin_com

Inhaltverzeichnis

1. Zur Begriffsgeschichte: „Dhyāna" – „Chán" – „Zen"

Der chinesische Begriff 禅[1] „*Chán*" als Eigenbezeichnung für den chinesischen Meditationsbuddhismus lautet in seiner klassischen Variante 禪那 „*Chán-nà*" und stellt etymologisch gesehen eine Transliteration des Sanskrit-Wortes „*Dhyāna*" (ध्यान[2]; Pali: ज्ञान „*Jhāna*") dar, welches nach Michael von Brück sinngemäß mit „*Absorption* (des Bewusstseins); (meditative) *Versenkung*"[3] übersetzt werden kann, bzw. wörtlich ins Deutsche übertragen ganz einfach „Meditation" [4] bedeutet [5] . Durch begriffliche Übernahme und Angleichung an die jeweilige landestypische Phonetik bei der Verbreitung des Meditationsbuddhismus Richtung (Süd-)Ostasien hat sich der chinesische Terminus 禅 „*Chán*" in Vietnam zu „*Thiền*" 禪, in Korea zu „*Seon*" 선 / 禪, und in Japan schließlich zu „*Zen*" 禅 / 禪 gewandelt[6].

Aufgrund der Pionierleistung und des immensen Einflusses japanischer Gelehrter bzw. Zen-Meister bei der Bekanntmachung und Verbreitung des Meditationsbuddhismus im Westen während der ersten Hälfte des 20. Jh. hat sich im euro-amerikanischen Raum der japanische Begriff „Zen" als Terminus technicus für die verschiedenen Versenkungsschulen durchgesetzt. Dieser Begriff wird inzwischen auch von buddhistischen

---

[1] Soweit nicht anders angegeben, sind die sino-japanischen Schriftzeichen (漢字) in diesem Beitrag folgenden Online-Wörterbüchern entnommen: Wörterbuch „Chinesisch-Deutsch" der Chinesisch-Deutschen Gesellschaft Hamburg e.V.; http://www.chinaboard.de/chinesisch_deutsch.php. Und Hans-Jörg Bibiko: Japanisch-Deutsches Kanji-Lexikon. Es basiert auf dem „Langenscheidt Großwörterbuch Japanisch-Deutsch" von Mark Spahn und Wolfgang Hadamitzky, Berlin; München 1997; http://lingweb.eva.mpg.de/kanji/.
Die Umschrift chinesischer Termini entspricht der offiziellen Romanisierung nach Pinyin (汉语拼音方案 Hànyǔ Pīnyīn Fāng'àn - „Programm zur Fixierung der Laute im Chinesischen") und entspricht damit dem internationalen Standard nach ISO 7098:1991.
Die Umschrift japanischer Termini dagegen folgt dem in Deutschland üblichen und auch in Japan gebräuchlichen, traditionellen Hepburn-System.
[2] Zu den in diesem Beitrag verwendeten Begriffen in Devanagari (देवनागरी) vgl. das Online-Wörterbuch nach Monier Williams in der revidierten Fassung von 2008: http://www.sanskrit-lexicon.uni-koeln.de/monier/
Die Umschrift orientiert sich am *International Alphabet of Sanskrit Transliteration* (IAST), soweit eine korrekte Wiedergabe dieses Transliterationssystems mit der in dieser Arbeit gebrauchten Schriftart „Times New Roman" möglich ist.
[3] Vgl. Michael von Brück: Zen. Geschichte und Praxis. München 2004, S. 7.
[4] Vgl. Michael S. Diener: Das Lexikon des Zen. Grundbegriffe und Lehrsysteme, Meister und Schulen, Literatur und Kunst, meditative Praktiken, Geschichte, Entwicklung und Ausdrucksformen von ihren Anfängen bis heute. Vollst. Taschenbuchausgabe München 1996. Stichworte: „Dhyāna", S. 47 f.; „Samadhi", S. 172 f.; und „Zen", S. 243 ff.
[5] Der vorliegende wissenschaftliche Beitrag geht im Wesentlichen auf einige überarbeitete und leicht veränderte Kapitel zurück, welche der Verfasser für seine Magisterhausarbeit im Fach „Allgemeine Religionswissenschaft" unter dem Mentorat von Frau Prof. Dr. Annette Wilke im Jahr 2009 erarbeitet hat.
[6] Vgl. Diana und Richard St. Ruth: Zen Buddhism, S. 21. Außerdem B. Alan Wallace: The Spectrum of Buddhist Practice in the West. In: Martin Baumann; Charles S. Prebish (Hgg.): Westward Dharma. Buddhism beyond Asia, S. 40.

Meistern verwendet, die aus den beiden anderen genannten asiatischen Verbreitungs-
ländern des Meditationsbuddhismus, also Vietnam und Korea, stammen und dement-
sprechend über die Jahrhunderte ganz eigene Traditionen und Achtsamkeitsübungen
entwickelt haben[7].

Die Meditationsschulen des ostasiatischen Buddhismus gehören ihrer Form und
Geschichte nach zum *Mahāyāna*[8] (skt. महायान), also zu jener buddhistische Hauptströ-
mung, welche um das 2. Jahrhundert der christlichen Zeitrechnung entstanden ist und
sich dem Wortsinn nach als das *„Große Fahrzeug"* versteht: Es sieht sich – im Gegensatz zu dem von ihm als das *„Kleine Fahrzeug"* [9] geschmähte *Theravāda* – als ein
Transportmittel zur Erlösung[10] für eine sehr große Anzahl von Menschen, ja sogar für
alle fühlenden Wesen des buddhistischen Kosmos. Als Vorbild beim Streben nach Erlösung dient ihm, wie allen anderen buddhistischen Schulen auch, der historische Buddha
Śākyamuni[11], der, so die Überlieferung, durch persönliche Anstrengung in beharrlicher
meditativer Versenkung die *Erleuchtung*[12] erlangt und dadurch seine eigene Befreiung
erwirkt haben soll. Auf diese Gründergestalt führt sich der Meditationsbuddhismus in
Form einer *„besonderen Überlieferung außerhalb der Schriften, unabhängig von Wor-
ten und Buchstaben"* zurück.

---

[7] Vgl. exemplarisch den aus Korea stammenden buddhistischen Meister Seung Sahn und sein Werk: Buddha steht Kopf. Die Lehren des Zen-Meisters Seung Sahn. Bielefeld 1990. Oder den bekannten vietname-
sischen Meister Thich Nhat Hanh und seine Schrift: Schlüssel zum Zen. Der Weg zu einem achtsamen
Leben. Freiburg i.Br. ²2002.
[8] Vgl zum folgenden Bernard Faure: Buddhismus. Ausführungen zum besseren Verständnis, Anregungen
zum Nachdenken. Bergisch Gladbach 1998, S. 37 ff. Für weiter gehende Informationen zum Mahāyāna
siehe Étienne Lamotte: Der Mahāyāna-Buddhismus. In Heinz Becher; Richard Gombrich: Der Buddhismus. Geschichte und Gegenwart, S. 93 ff. Sowie Michael von Brück: Einführung in den Buddhismus, S.
223-309.
[9] Skt. हीनयान – *„Hīnayāna"*, eine polemische Bezeichnung aus dem Mahāyāna für die Anhänger des
„alten Buddhismus", daher besser: *Theravāda* (pli. थेरवाद – *„Lehre der Ältesten"*), oder wissenschaftlich
korrekt: *Buddhismus der Nikāya (skt./pli.* निकाय – *„Gruppe; Sammlung"*, in Bezug auf den Pāli-Kanon).
Vgl. Bernard Faure: Der Buddhismus, S. 23.
[10] Ders.: Buddhismus, S. 24.
[11] Siddhārtha Gautama, genannt *„Śākyamuni"* (skt. शाक्यमुनि – *„der Weise aus dem Geschlecht der
Śākya"*). Seine genauen Lebensdaten sind umstritten, vermutlich aber lebte er von 450-370 vor der Zeitenwende. Vgl. Michael von Brück: Einführung in den Buddhismus, S. 65 ff. Zur Ehrenbezeichnung
„Buddha" siehe nachfolgende Fußnote.
[12] Skt. बोधि – *„Bodhi"*, daher skt. बुद्ध – *„Buddha"* – *„der Erwachte"*. Der Begriff des *Erwachens* ist
dem der *Erleuchtung* prinzipiell vorzuziehen, auch wenn letzterer im Westen weite Verbreitung gefunden
hat. Denn es handelt sich bei diesem Vorgang nach buddhistischer Auffassung weder um eine Art der
(optischen) Lichterfahrung, noch um ein Erleben im Rahmen einer Lichtmystik. Vielmehr ist
„Bodhi" eine plötzlich einsetzende, vollkommene Einsicht, ein Hervorbrechen höchster Erkenntnis. Vgl.
Michael S. Diener: Das Lexikon des Zen, Stichwort „Erleuchtung", S. 55.

2. Stiftungsmythen des Meditationsbuddhismus: Die Blumenpredigt Buddhas, und „Warum Bodhidharma aus dem Westen kam"

> „Ein Mönch fragte Shitou: ‚Warum kam der Erste Patriarch aus dem Westen?'
> Shitou sagte: ‚Frag den Tempelpfeiler dort!'
> Der Mönch sagte: ‚Das verstehe ich nicht.'
> Shitou entgegnete: ‚Ich verstehe auch nicht.'"[13]

Einst soll ein Schüler dem Buddha Śākyamuni auf dem Geierberg[14] eine goldene Blume überreicht haben, verbunden mit der Bitte, ihn im wahren Dharma zu unterweisen. Buddha rief daraufhin alle seine Schüler zusammen, hielt schweigend die goldene Blume hoch, drehte sie zwischen seinen Fingern und blinzelte dabei mit den Augen. Alle blickten ihn fragend an, und keiner verstand die Bedeutung dieser Predigt. Allein das Gesicht Kāśyapas hellte sich auf zeigte ein Lächeln, denn er brach angesichts dieser Geste Buddhas urplötzlich zur erleuchteten Erkenntnis durch, teilte also in diesem Moment die Erfahrung des Erwachens mit seinem Meister, und erfasste damit intuitiv die Essenz von dessen gesamter Lehre[15], nämlich das wahre *Buddha-Dharma*. Da sprach der Buddha:

> „Ich besitze das kostbare Auge des wahren Dharma, den wunderbaren Nirvana-Geist, die wahre Form der Nicht-Form, das geheimnisvolle Dharma-Tor. Unabhängig von Worten und Schriftzeichen wird es auf besondere Weise außerhalb der Schriften überliefert. Ich übergebe es nun dem Mahākāśyapa."[16]

Mit dieser Übertragung von „*Herz zu Herz*" (chin. 以心伝心 – „*yĭxīn chuánxīn*", jap. „*ishin denshin*[17]") soll der Buddha seinen Meisterschüler Kāśyapa, fortan „*der Große – Mahākāśyapa*" genannt, zu seinem Dharma-Nachfolger und ersten Patriarchen der indischen Dhyāna-Schule bestimmt haben. Diese „*besondere Traditionslinie*" wurde in Indien der Überlieferung nach in den folgenden Jahrhunderten fortgeführt, bis hin zu dem halblegendären buddhistische Mönch und Höhleneinsiedler *Bodhidharma*[18], der zu Be-

---

[13] Zit. in Stephan Schuhmacher: Zen. Kreuzlingen/München 2001, S. 61-97.

[14] Der Geierberg liegt in der Nähe der nordindischen Stadt Rājagriha (skt. राजगृह) und gilt als beliebte Mediations- und Predigtstätte des historischen Buddha. Vgl. Michael S. Diener: Das Lexikon des Zen, Stichwort: „Geierberg", S. 65.

[15] Vgl. die Erläuterungen zum Terminus „Prajñā" in Fußnote 32.

[16] Mumonkan, Fall 6: 「吾有正方眼藏，涅槃妙心，實相無相，微妙法門，不立文字，教外別傳，付囑摩訶迦葉。」

[17] Vgl. Michael S. Diener: Das Lexikon des Zen, Stichwort: „Ishin-Denshin", S. 101 f.

[18] Von skt. बोधिधर्म, chin. 菩提達摩 – *Pútídámó*, jap. だるま – (*Bodai-*)*Daruma*. Die Lebensdaten sind ungewiss, nach Michael von Brück soll er „im Jahr 532 gestorben sein". Ders.: Zen, S. 26.

ginn des 6. Jahrhunderts u.Zt. er über den Seeweg in das Reich der Mitte gelangt sein soll, um dorthin als der 28. Patriarch Indiens und 1. Patriarch Chinas das wahre Dharma zu übertragen[19]. Nach einem kurzen und erfolglosen Versuch, seine Lehre in Südchina zu verbreiten, soll er weiter nach Nordchina gewandert sein und sich schließlich in der Nähe des berühmten Shaolin-Klosters (chin. 少林寺 – „Shàolín Sì") niedergelassen haben. Dort soll er in einer Felsenhöhle neun Jahre lang unermüdlich die Sitzmeditation mit dem Gesicht zur Wand praktiziert haben[20].

Diese beiden Episoden, die Blumenpredigt des Buddha und die China-Reise Bodhidharmas, sind ausschließlich durch chinesische Quellen überliefert und in der Beurteilung ihrer Historizität als fromme Fiktion im Sinne einer ätiologische Kompositionen zur Herleitung der Chán-Tradition einzustufen[21]. Sie beinhalten jedoch, und in dieser Absicht sind sie schließlich „komponiert" worden, in anschaulicher Weise die zentralen Inhalte der Chán-Tradition in scharfer Abgrenzung zu den anderen großen buddhistischen Schulen im Reich der Mitte, die eine komplexe, schriftfokussierte buddhistische Scholastik hervorgebracht haben[22]. Die Ablehnung einer ausgefeilten „theologischen" Systematik und die strikte Weigerung, den eigenen Charakter über ausgewählte Heilige Texte der buddhistischen Überlieferung zu definieren, führte dazu, sich zum Zwecke der Identitätsfindung[23] bzw. zur Legitimation der eigenen Lehre und Praxis auf Stamm- bzw. Sukzessionslinien zu berufen, die weitgehend frei erfunden[24] wa-

---

Die Frage nach der „Intention des Patriarchen, aus dem Westen zu kommen", chin. 達摩祖師西來意, ist Gegenstand zahlreicher Kōans, siehe z.B. die kurze Zen-Geschichte zu Beginn dieses Kapitels.
Zur Formel in sino-japanischen Schriftzeichen vgl.:
http://www.drbachinese.org/online_reading/sf_others/Bodhidharma/b02.htm (Stand: 08.07.2009)
[19] Vgl. Michael von Brück: Einführung in den Buddhismus, S. 338. Außerdem Bernard Faure: Der Buddhismus, S. 47.
[20] Vgl. Michael S. Diener: Das Lexikon des Zen, Stichwort: „Bodhidharma", S. 26.
[21] Vgl. Michael von Brück: Einführung in den Buddhismus, S. 337 f. Vgl. ders: Zen, S. 26.
[22] Vgl. zum folgenden Thomas F. Cleary: Introduction. In ders.: Classics of Buddhism and Zen. The Collected Translations of Thomas Cleary, 5 Bände. Band 1: Zen Lessons, Zen Essence, The Five Houses of Zen, Minding Mind, Instant Zen. Boston; London 2001, S. 5 ff. Und Michael von Brück: Einführung in den Buddhismus, S. 325 ff.
[23] Vgl. Bernard Faure: Chan Insights and Oversights. An Epistemological Critique of the Chan Tradition. Princeton (New Jersey; USA) ²1996, S. 270 f.
[24] Vgl. John McRae: Seeing through Zen. Encounter, Transformation, and Genealogy in Chinese Chan Buddhism. Berkeley (California; USA) 2003, S. 7 ff. Und Michael von Brück: Einführung in den Buddhismus, S. 338 f.
Siehe hierzu auch „McRaes Rules of Zen Studies":
    1. "It's not true, an therefore it's more important."
    2. "Lineage assertions are as wrong as they are strong."
    3. "Precision implies inaccurancy."
    4. "Romanticism breeds cynicism."
Vgl. ebd., S. XIX f.
Diese Erkenntnisse der jüngeren Zen-Forschung haben dazu geführt, dass weite Teile der Geschichtsschreibung zu den Anfängen des Chán in China revidiert werden müssen. Dies betrifft auch bisherige Standardwerke wie des Zen-Forschungspioniers Heinrich Dumoulin. Siehe hierzu u.a. die respektvolle

5

ren[25]. An deren Anfang wurden dann so bedeutende Persönlichkeiten wie Bodhidharma oder gar der historische Buddha höchstselbst gesetzt, was eine Prestigesteigerung gegenüber konkurrierenden buddhistischen Schulen bewirken sollte.

Obwohl der Meditationsbuddhismus ein tief sitzendes Misstrauen gegenüber der Leistungsfähigkeit von Sprache besitzt, was die adäquate Erfassung und Vermittlung seiner zentralen Lehren besitzt, so baut er seinem mahāyānistisch Erbe entsprechend doch auf einem hochkomplexen philosophischen System auf, welches seine Bedeutung bis in die heutige Zeit und in seiner westlichen Ausformung nicht eingebüßt hat. Es folgt daher nun eine konzentrierte Zusammenschau seiner wichtigsten religionsphilosophischen Konzeptionen.

---

und anerkennende, aber deshalb nicht minder scharfe Kritik von John R. McRae an Heinrich Dumoulins Darstellung der Geschichte des Zen-Buddhismus in Indien und China: John R. McRae: Introduction. In Heinrich Dumoulin: Zen-Buddhism: A History. Vol. I: India and China. World Wisdom Books: Bloomington (Indiana; USA) 2005, S. XXVII–XLII. Auf S. XL geht er sogar soweit, den gesamten ersten Band von Dumoulins Schrift von einem bisherigen Standardwerk der religionswissenschaftlichen Sekundärliteratur zu einer Quelle mit einem nur noch disziplingeschichtlichen Wert umzustufen.
Zum gegenwärtigen Stand der Diskussion in der Zen-Forschung siehe u.a. Bernard Faure: Chan Insights and Oversights. Außerdem Steven Heine: Zen Skin, Zen Marrow. Will the Real Zen Buddhism Please Stand Up? New York (USA) 2008. Und Dale S. Wright: Philosophical Meditations on Zen Buddhism. Reihe: Cambridge Studies in Religious Traditions, Volume 13.
[25] Das Motiv einer rückschauenden Konstruktion von Stamm- und Sukzessionslinien zur Schaffung einer eigenen, charakteristischen Identität, zur Abgrenzung von konkurrierenden Schulen und als Mittel zur Unterscheidung zwischen „Wahrheit" und „Häresie" in einer Konsolidierungsphase findet sich auch in anderen Religionen. Siehe hierzu z.B. das Konzept der „apostolischen Sukzession" im Frühkatholizismus. Vgl. hierzu z.B. Norbert Brox: Kirchengeschichte des Altertums. Düsseldorf ²2004, S. 96.

3. Mahāyānistisch-philosophische Grundlagen des Chán bzw. Zen

> *„Was ist Erleuchtung für den Tautropfen auf dem Lotos-*
> *blatt? Es ist der Moment, in dem er über den Rand des*
> *Blattes rollt, ins Wasser darunter fällt und begreift, dass*
> *er selbst Wasser ist."*[26]

Im Vorgang seines oben erwähnten Erwachens soll der Buddha Śākyamuni die *drei*

Daseinmerkmale[27] der Phänomene dieser Welt erschaut haben: Das *Leidunterwor-*

fensein aller Lebewesen[28], die *Unbeständigkeit und Vergänglichkeit aller Dinge*[29], und

das *Nicht-Selbst* bzw. *Nicht-Ich*[30]. Ziel aller buddhistischen Praxis ist die Überwindung

des Leids durch die Realisierung des Nicht-Ich, um so die dauerhafte Befreiung im Er-

löschen aller Begierden und Leiden-schaften (sic!) im *vollständigen Nirvāna*[31] zu erlan-

---

[26] Thich Nhat Hanh; zit. in: Jacky Sach, Jessica Faust: Zen. Entspannung für Körper und Geist, Kraft und Frieden für die Seele. München 2004, S. 15.

[27] Skt. सामान्यलक्षण – *Sāmānya-laksana* – „Kennzeichen; Merkmal". Vgl. Edward Conze: Buddhistisches Denken. Drei Phasen buddhistischer Philosophie in Indien, Frankfurt a.M.; Leipzig 2007, S. 41 ff. Außerdem Richard Gombrich: Der Buddhismus im alten und mittelalterlichen Indien. In Heinz Bechert; ders.: Der Buddhismus. Geschichte und Gegenwart, S. 94.

[28] Pli. दुक्ख – „*Dukkha*"; skt. दुःख „*Duhkha*" wird für gewöhnlich mit „*Leid*" übersetzt. Es handelt sich hierbei jedoch nicht um einen ethischen oder ontologischen Begriff, sondern vielmehr um einen epistemisch-psychologischen: Er zielt auf die Erfahrung von vergeblichem Begehren bzw. schmerzlichem Verlust, verursacht durch das dürstende Anhaften an den Phänomenen dieser Welt, die jedoch allesamt der Vergänglichkeit (*„Anicca"*, siehe Fußnote 29) unterworfen sind. Das Fehlen eines konstanten Seins, einer beständigen Eigennatur in den Phänomenen, ergibt sich aus dem „Gesetz vom bedingten Entstehen" – skt. प्रतीत्यसमुत्पाद – „*Pratītya-samutpāda*". Es bezieht sich auf die Lehre Buddhas von der anhaltenden Verkettung von Ursache und Wirkung: Es gibt keine erste bzw. letzte Ursache, alles entsteht und besteht in wechselseitiger Abhängigkeit. Als natürliche Konsequenz dieser Lehre wird der Glaube an einen Schöpfergott, wenn auch durch den historischen Buddha nicht direkt bestritten, so doch als unerheblich betrachtet. Erlösung findet der Mensch nur durch sich selbst (vgl. Parinirvāna und Samsāra, Fußnote 31). Unbeständigkeit, Nichtigkeit, „*Leerheit*" (skt. शून्यता – „*Śūnyatā*") sind grundlegende Charakteristika aller Phänomene, das vergebliche Festhalten an ihnen verursacht Dukkha. Anicca steht in einem engen Zusammenhang mit der *Anatta-Lehre* (siehe Fußnote 30).
Vgl. hierzu Michael von Brück: Einführung in den Buddhismus, S. 120 f. Außerdem Volker Zotz: Geschichte der buddhistischen Philosophie. Reinbeck bei Hamburg 1996, S. 47. Und Wilhelm K. Essler; Ulrich Mamat: Die Philosophie des Buddhismus. Darmstadt 2006, S. 37 ff.

[29] Pli. अनिच्च – „*Anicca*"; skt. अनित्य – „*Anitya*": Alles, was als Wirklichkeit erscheint, ist zusammengesetzt, und alles Zusammengesetzte löst sich ausnahmslos wieder auf, befindet sich im Fluß der Vergänglichkeit. Die Realität ist somit nichts anderes als ein Kontinuum von Prozessen. Vgl. Michael von Brück: Einführung in den Buddhismus, S. 119 ff. Außerdem Edward Conze: Buddhistisches Denken, S. 203-225, hier S. 221 f. Und Volker Zotz: Geschichte der buddhistischen Philosophie, S. 40-57. Und Wilhelm K. Essler; Ulrich Mamat: Die Philosophie des Buddhismus, S. 45 ff.; 200 ff.

[30] Pli. अनत्ता – „*Anatta*"; skt. अनात्मन् – „*Anātman*". Dieser Terminus bezeichnet die buddhistische Auffassung, dass es kein feststellbares, bleibendes, substantielles Ich gibt: Die Existenz einer Seele wird verneint, das Erleben von Individualität gilt als illusorisch und Dukkha verursachend, ein Getrenntsein von allen übrigen Phänomenen als *Personalität in Dualität* existiert nicht

[31] Skt. परिनिर्वाण – „*Parinirvāna*" – sinngemäß „*vollständiges Verlöschen*". Ursprünglich bezeichnet der Begriff das Ausscheiden aus dem „*Zyklus von Werden und Vergehen*", bzw. dem „*Kreislauf der Wiederverkörperungen*" (skt. संसार – „*Samsāra*" „*[beständiges] Wandern*" im „Tretrad" irdischer Existenzen). Es kennzeichnet sich durch das Fehlen von Enstehen, Bestehen, Veränderung und Vergehen. Vgl. Michael S. Diener: Das Lexikon des Zen, Stichwort „Nirvāna", S. 155 ff. Außerdem: Richard Gombrich: Einlei-

gen. Der Weg hierzu führt nach dem Beispiel des Buddha über *Meditation*, *Weisheit*[32], und *Moral*, die drei Zentralbegriffe buddhistischer Ethik[33].

Nach mahāyānistischer Auffassung steht der Weg der Erleuchtung allen Menschen, unabhängig von Geschlecht und gewählter Lebensform (d.h. Mönchen *und* Laien) offen. Alle tragen die *Buddha-Natur*[34] wesenhaft in sich, welche lediglich ihrer Verwirklichung harrt. Diese Auffassung gipfelt im Bodhisattva-Ideal der verschiedenen Mahāyāna-Schulen, welche das alte Arhat-Ideal[35] des Theravāda-Buddhismus[36] abgelöst hat.

3.1 Das Bodhisattva-Ideal

> „Lächelnd ließ der Bodhisattva Avalokiteśvara sich im
> frühen Morgengrauen von zwei Moskitos stechen."[37]

Ein Bodhisattva (skt. बोधिसत्त्व – wörtlich ein „*Erleuchtungswesen*") ist nach klassischem Verständnis ein Mensch, der nach Fassung des *Erleuchtungsgedankens*[38] die Buddhaschaft durch die systematische Ausübung der *Tugendvollkommenheiten*[39] anstrebt, vor allem die drei oben genannten Haupttugenden: Getragen von höchster Ein-

---

tung: Der Buddhismus als Weltreligion. In Heinz Bechert; ders.: Der Buddhismus. Geschichte und Gegenwart, S. 15.

[32] Skt. प्रज्ञा – *Prajñā* – „Bewusstsein; Weisheit". Gemeint ist nicht etwa eine begrifflich-intellektuell vermittelte Weisheit, sondern eine unmittelbar erfahrene, intuitive Einsicht in das wahre Wesen aller Dinge bzw. dieser Welt. Vgl. Michael S. Diener: Das Lexikon des Zen, Stichwort „Prajñā", S. 166.

[33] Vgl. ebd., Bernard Faure: Buddhismus, S. 31 ff.

[34] Skt. बुद्ध-धातु, vgl. 佛性 – chin. „*Fóxìng, jap. „Busshō*" – „*Buddha-Wesen*": Die wahre, unveränderliche Natur aller Lebewesen, die es ihnen ermöglicht, Erleuchtung zu erlangen und Buddha zu werden. Vgl. Michael von Brück: Einführung in den Buddhismus, S. 276 f.

[35] Skt. अर्हत् – „*Der (Ehr)Würdige*", Ehrenbezeichnung für einen vollendeten buddhistischen Heiligen, wie auch für die Hauptschüler des historischen Buddha Śākyamuni. Damit ist in der buddhistischen Tradition ein weltflüchtiger, männlicher Mönchsasket gemeint, der sich ganz auf seine eigene Befreiung konzentriert, und auch nur in dieser Gestalt Erlösung finden kann. Vgl. Bernard Faure: Buddhismus, S. 38; 112 (Glossar). Außerdem ders.: Der Buddhismus, S. 118; 140 (Glossar).

[36] Pli. थेरवाद– „*Lehre der Ältesten*", oder wissenschaftlich korrekt: *Buddhismus der Nikāya (skt./pli.* निकाय – „*Gruppe; Sammlung*", in Bezug auf den Pāli-Kanon). Vgl. Bernard Faure: Der Buddhismus, S. 23.

[37] Mahayanistische Lehranekdote, Quelle unbekannt. Zum Bodhisattva Avalokiteśvara siehe Fußnote 41.

[38] Skt. बोधिचित्त – *Bodhicitta* – wörtl. „*Erleuchtungsgeist*" (vgl. chin. 菩提心 – *pútí xīn*), gemeint ist die feste Entschlossenheit, aus altruistischen Motiven das große Erwachen zu erreichen. Vgl Michael von Brück: Einführung in den Buddhismus, S. 535 (Glossar).

[39] Skt. पारमिता – *Pāramitā* – wörtl. „die an das andere Ufer" der Weisheit (d.h.: zum Erwachen) führenden Sechs Tugenden *Freigiebigkeit, Geduld, Willensstärke, Moral, Meditation und Weisheit* aus dem Lotus-Sutra des Mahāyāna. Vgl. Michael S. Diener: Das Lexikon des Zen, Stichwort „Pāramitā", S. 164. Vgl. außerdem Bernard Faure: Buddhismus, S. 38. Und: Richard Gombrich: Der Buddhismus im alten und mittelalterlichen Indien. In Heinz Bechert; ders.: Der Buddhismus. Geschichte und Gegenwart, S. 95.

sicht und Weisheit soll das Handeln des Erwachten von allumfassendem Erbarmen[40] bestimmt sein, welches mit tätiger Hilfe die Beendigung des Leidens *aller* fühlenden Wesen anstrebt. Das Mittel zur Erlangung dieser *Prajñā-Weisheit* ist die beharrliche meditative Versenkung in ihren verschiedenen Formen, wie zuvor beschrieben.

Kennzeichnend für den Bodhisattva in seiner ursprünglichen Bedeutung ist vor allem die Bereitschaft, auf sein persönliches Eingehen in das *vollständige Nirvāna* solange zu verzichten, bis tatsächlich alle fühlenden und leidenden Lebewesen durch sein Mitwirken Befreiung gefunden haben[41]. Die Bereitschaft, aus tätigem Mitgefühl das Leid aller Wesen auf sich zu nehmen und alle mühselig erworbenen karmischen Verdienste auf sie zu übertragen[42], erwächst aus der Einsicht des Bodhisattvas in die Lehre von der universellen Einheit aller Phänomene[43]. Leid und Erlösung sind keine „Privatangelegenheit" einzelner, isolierter Individuen, sondern betreffen den gesamten buddhistischen Kosmos[44]. Hieraus erwächst ein universeller Anspruch, aus welchem heraus sich der Buddhismus zu einer echten „*Welt*religion" entwickeln konnte[45].

---

[40] Skt. करुणा – *Karunā* – „Erbarmen, tätiges Mitgefühl; zärtliche Zuneigung". Das Erbarmen eines Erwachten gründet sich auf der Erfahrung der Einheit alles Seienden und erstreckt sich unterschiedslos auf alle Lebewesen. Häufig wird es ins Deutsche mit „Mitleid" übertragen, aber dieser Begriff ist zur Umschreibung von Karunā ungeeignet: Mitleid ist eine passive Einstellung und vernachlässigt den wesentlichen Aspekt der tätigen Hilfe, darum besser: Erbarmen. Vgl. ebd., Stichwort „Karunā", S. 116.

[41] Im mythologischen Sinn kann der Begriff „Bodhisattva" auch ein übernatürliches Wesen bezeichnen, das dem Menschen, von tiefem Mitgefühl erfüllt, aus der jenseitigen Welt oder in diversen irdischen Manifestationen Beistand leistet. Einer der in Asien populärsten Bodhisattvas ist *Avalokiteśvara* (skt. अवलोकितेश्वर; chin. 観音 – *Guānyīn*; jp. 観音 – *Kannon*), der *Bodhisattva des universellen Mitgefühls*, der ursprünglich männlichen Geschlechts, oft mit femininen, auch mütterlichen Zügen (mit einem Kind auf dem Arm als mögliches ikonographisches Attribut) dargestellt wird. Vgl. Richard Gombrich: Der Buddhismus im alten und mittelalterlichen Indien. In Heinz Bechert; ders.: Der Buddhismus. Geschichte und Gegenwart, S. 96 f. Außerdem Bernard Faure: Der Buddhismus, S. 120 f.

[42] Vgl. Michael S. Diener: Das Lexikon des Zen, Stichwort „Bodhisattva", S. 27.

[43] Vgl. hierzu die ursprünglich aus den Veden stammende und im Mahāyāna konsequent weiterentwickelte buddhistische Lehre von der *Nicht-Dualität* (skt. अद्वैत – „*Advaita*" – „*Nicht-Zweiheit*") aller Phänomene, die ein Gegenüber von Subjekt und Objekt bestreitet und jede Wahrnehmung von Individualität als Illusion (skt. माया – „*Māyā*" – „*Trugbild, Täuschung*") betrachtet. Sie steht in engem Zusammenhang mit der Anatta- und der Pratītya-samutpāda-Lehre (siehe Fußnoten 28 u. 30), und spielt auch im Zen eine ganz herausragende Rolle. Im Zen gelingt es dem erleuchteten Geist, die künstliche „Entzweiung" von Subjekt und Objekt im begrifflichen Denken zu überwinden, und sich so mit dem Gegenüber, sei es Mensch oder Pflanze, als zwei Aspekte ein und derselben Wirklichkeit zu realisieren. Vgl. Michael von Brück: Zen, S. 17.

[44] „*Meditation bedeutet nicht, aus der Gesellschaft auszusteigen, der Gesellschaft zu entfliehen, sondern sich für einen Wiedereinstieg in die Gesellschaft vorzubereiten. Wir nennen das ‚engagierten Buddhismus'. Wenn wir zu einem Meditationszentrum gehen, mögen wir den Eindruck haben, daß wir alles hinter uns lassen - Familie, Gesellschaft und all die damit verbundenen Komplikationen - und als Individuen ankommen, um zu praktizieren und nach Frieden zu suchen. Schon das ist eine Illusion; denn im Buddhismus gibt es nicht so etwas wie ein Individuum.*" Thich Nhat Hanh: Innerer Friede, Äußerer Friede. Küsnacht 1987. Zit. nach: http://www.buddhanetz.org/texte/thay1.htm (Stand: 07.05.2007)

[45] Oliver Freiberger: Religion und Globalisierung im Lichte von Orientalismus und Okzidentalismus. In: M. Deeg, O. Freiberger und C. Kleine (Hgg.): Religionen im Spiegelkabinett, S. 71. Vgl. auch ebd. ff.

Seinen programmatischen Niederschlag findet dieses Ideal in den „vier Gelübden des Bodhisattva" (oder auch die „*vier Pranidhāna*"[46]) aus dem Mahāyāna, die bis heute im Buddhismus westlicher Prägung (vor allem beim Phänomen des „*Engaged Buddhism*" bzw. „*Engaged Zen*") von herausragender Bedeutung sind:

「眾生無邊誓願度，煩惱無盡誓願斷，
法門無量誓願學，佛道無上誓願成。」[47]

„Die Zahl der Lebewesen ist unermesslich; ich gelobe, sie alle zu befreien.
Die Leidenschaften entstehen unaufhörlich; ich gelobe, sie zu überwinden.
Die Dharma-Tore sind ohne Zahl; ich gelobe, sie alle zu durchschreiten.
Der Weg des Buddha ist unvergleichlich; ich gelobe, ihn zu verwirklichen."[48]

Mit zunehmender Sinisierung des Buddhismus und der allgemeinen Akzeptanz des Bodhisattva-Ideals tritt im chinesischen Mahāyāna allmählich die Erwartung eines jenseitigen, posthumen Nirvānas in den Hintergrund[49].

Bereits im Alten China und Japan, wo konfuzianischen Vorstellungen gemäß der Wert einer religiösen Lehre und Praxis eher nach ihrer politisch-sozialer Wirksamkeit als nach ihren metaphysischen Implikationen beurteilt wurde[50], hat das Bodhisattva-Ideal zur Schaffung sozial-karitativer Einrichtungen geführt: Die Klöster richteten Krankenhäuser und Armenapotheken ein, es gab eine finanzielle und materielle Unterstützung für Arme und Obdachlose, und bei Eintritt von Hungersnöten wurden Nahrungsmittel an die Bevölkerung verteilt[51]. Dieser Grundsatz der Mildtätigkeit in der mahāyānistischen Sozialethik hat im 20. Jahrhundert zur Herausbildung eines „Engaged Zen" im Westen geführt[52].

---

[46] Von skt. प्रणिधान – *Einsatz, Hingabe; Gelübde; starker Wunsch*. Vgl. Michael S. Diener: Das Lexikon des Zen, Stichwort „Bodhisattva", S. 27.

[47] Zit. in: http://www.buddhist-bookshop.com/periodical/pdf/psc38.pdf (Zugriff am 08.10.2007)

[48] Eigene Übersetzung, zielsprachenorientiert. Eine alternative Übersetzung findet sich in Arul M. Arokiasamy: Warum Bodhidharma in den Westen kam, S. 172:
„Zahllos sind alle Lebewesen – ich gelobe sie alle zu retten
Unzählige Gefühle und eitle Gedanken – ich gelobe sie alle zu lassen
Die Tore zur höchsten Wahrheit sind unzählbar – ich gelobe, durch alle zu gehen
Der Weg des Buddha ist unüberschreitbar – ich gelobe, ihn bis zum Ende zu gehen."
Vgl. auch Philip Kapleau: Die drei Pfeiler des Zen. Lehre, Übung, Erleuchtung. Frankfurt a.M. [14]2004, S. 473 (Glossar).

[49] Vgl. Michael von Brück: Zen, S. 9; 20 f.

[50] Vgl. Erik Zürcher: Buddhismus in China, Korea und Vietnam. In Heinz Bechert; Richard Gombrich: Der Buddhismus. Geschichte und Gegenwart, S. 217.

[51] Vgl. ebd., S. 238. Und Volker Zotz: Geschichte der buddhistischen Philosophie, S. 205.

[52] Vgl. hierzu auch: Frank Drescher: Zen im Westen. Stationen der westlichen Rezeption und bedeutende Vertreter. München 2016, S. 13 im eBook.

3.2 Der Ineinsfall von Samsāra und Nirvāna im chinesischen Mahāyāna

Der Ineinsfall von Samsāra und Nirvāna, also des beständigen Kreislaufs von Werden und Vergehen mit dem endgültigen Verlöschen des leidverhafteten Selbst, ist bei aller offenkundigen Paradoxalität doch eine Konsequenz der Lehre von der Einheit aller Phänomene. Zudem ist sie der buddhistischen Einsicht geschuldet, dass selbst der Durst des Buddhisten nach Nirvāna am Ende wieder Dukkha verursacht und somit in sich leidvoll ist. Gibt man als letzte Leiden-schaft (sic!) das Streben nach endgültigem Verlöschen in einem posthum gedachten Nirvāna auf, wird zwischen Samsāra und Nirvāna nicht mehr unterschieden, und die Erlösung des Meditationsbuddhisten vollzieht sich folgerichtig als Frucht der Erleuchtung im Hier und Jetzt. Nirvāna wird nun als ein diesseitiger Zustand ruhevoller Glückseligkeit angesehen[53], als ein durch Meditation und Erleuchtungserfahrung erlangter Vorgang oder Zustand, der eine dauerhafte Beendigung von Dukkha zur Folge hat[54].

Diese Neuinterpretation von Nirvāna in der mahāyānistischen Ethik als ein irdischer Seelenzustand erinnert an die stoischen Tugendkonzepte von Eudämonie (gr. εὐδαιμονία – „Glückseligkeit"), Ataraxie (gr. ἀταραξία – „seelische Unerschütterlichkeit"), Apathie [55] (gr. ἀπάθεια – wörtlich „Leidlosigkeit") und Autarkie (gr. αὐτάρκεια – „Selbstgenügsamkeit")[56]. Diese augenscheinlichen Parallelen haben Anknüpfungspunkte für die therapeutische Bedeutung geschaffen, die viele Jahrhunderte später dem Zen-Buddhismus in den Ländern des Westens in der Gegenwart zugesprochen wird.

---

[53] Vgl. Richard Gombrich: Einleitung: Der Buddhismus als Weltreligion. In Heinz Bechert; ders.: Der Buddhismus. Geschichte und Gegenwart, S. 19.
[54] Vgl. Michael S. Diener: Das Lexikon des Zen, Stichwort „Nirvana", S. 156 f.
[55] Gemeint ist eine mittels Askese erworbene Freiheit von Leidenschaften durch bewusste Affektkontrolle, und nicht etwa eine krankhafte Teilnahmslosigkeit und Passivität wie im gleichlautenden medizinisch-psychologischen Terminus technicus.
[56] Vgl. hiezu z.B. Johannes Hirschberger: Geschichte der Philosophie. Sonderausgabe der 14. Auflage in 2 Bänden, Freiburg i.Br. 1991. Band 1: Altertum und Mittelalter, S. 265-270. Und Wolfgang Röd: Der Weg der Philosophie. Von den Anfängen bis in 20. Jahrhundert, 2 Bände. Erster Band: Altertum, Mittelalter, Renaissance. München 1994, S. 208 ff.

4. Praktische Elemente des Meditationsbuddhismus

„Im Buddhismus geht nicht darum, Buddhist zu
werden, sondern Buddha zu sein."[57]

4.1 Die Sitzmeditation

Die älteste und zugleich wichtigste Methode des sino-japanischen Meditations-
buddhismus beruht auf der Praxis der Sitzmeditation [58] mit verschränkten
Unterschenkeln im Lotussitz[59], was in ritueller Nachahmung[60] des historischen Buddha
Śākyamuni[61] unter dem Bodhi-Baum geschieht.

Der Pāli-Kanon erzählt von einer Kindheitserfahrung des Buddha: Einmal saß er unter einem Rosenapfelbaum und sah seinem Vater beim Pflügen zu. Plötzlich fand er
sich in einem Geisteszustand wieder, in welchem er völlig in dieser Situation auf-
ging, ganz erfüllt von Glückseligkeit und Verzückung, fernab von allen negativen
Gedanken und Gefühlen. Dieser Erinnerung folgend setzte er sich unter den „Bodhi-
Baum", den „Baum des Erwachens", und fand dort der buddhistischen Überlieferung nach zu seinen fundamentalen Einsichten in die wahre Wirklichkeit des Menschen und dieser Welt. [62]

Der auf diese Weise angestrebte Versenkungszustand des Geistes ist dabei nicht als
Trance[63] misszuverstehen, sondern stellt vielmehr eine vollständige und willentliche
Sammlung der Aufmerksamkeit[64] des Chán- bzw. Zen-Adepten im Vollzug dieser Praxis
dar. Hierdurch wird allmählich der dualistische Gegensatz zwischen Subjekt und Objekt
zum Verschwimmen gebracht, und der Mensch gelangt nach einem mehr oder minder
langen Zeitraum zu einem tiefgreifenden, transformierenden Erleben der Einheit und
Gleichzeitigkeit aller Erscheinungen und Prozesse um ihn herum[65]. Dazu muss ein Zustand innerer Stille und Gleichmut hergestellt werden: „Nur wenn der Geist vollkom-

---

[57] Thich Nhat Hanh, zit. in: Ulrich Schnabel: Eine Religion ohne Gott. In: Zeit Nr. 12 vom 15.03.2007,
S. 14.
[58] 座禅, chin. „Zuòchán", jap. „Zazen".
[59] skt. पद्मासन – „*Padmāsana*".
[60] Vgl. Bernard Faure: Der Buddhismus, S. 51.
[61] Siddhārtha Gautama, auch unter der Ehrenbezeichnung „*Śākyamuni*" (skt. शाक्यमुनि – „*der Weise aus
dem Geschlecht der Śākya*") bekannt. Seine genauen Lebensdaten sind umstritten, vermutlich aber lebte
er von 450-370 vor der Zeitenwende. Vgl. Michael von Brück: Einführung in den Buddhismus, S. 65 ff.
[62] Vgl. Majjhima Nikaya 36,31-38. Im Internet zugänglich unter: http://www.metta.lk/tipitaka/2Sutta-
Pitaka/2Majjhima-Nikaya/Majjhima1/036-mahasaccaka-sutta-e2.html (Stand: 23.06.2009)
Vgl. auch Ursula Baatz: Erleuchtung trifft Auferstehung. Zen-Buddhismus und Christentum. Eine Orientierung. Stuttgart 2009, S. 17.
[63] Vgl. Michael von Brück: Einführung in den Buddhismus, S. 339.
[64] Skt. समाधि – „*Samadhi*" – wörtl. „*Fixieren, Festmachen*".
[65] Vgl. Michael von Brück: Zen, S. 8 ff.

men ruhig ist – wie ein klares Wasser, ohne die kleinste Welle oder den geringsten Windhauch –, gelangt man zur höheren Weisheit."[66]

Ein solches tief greifendes Erleben aus einem achtsamen Versenkungszustand heraus hat, so die Überlieferung, den Durchbruch des Śākyamuni zur Buddhaschaft im vollkommenen Erwachen ermöglicht, und wie keine andere buddhistische Schule strebt der Meditationsbuddhismus nach der persönlichen Erleuchtung eines jeden seiner Anhänger, am Ende sogar aller fühlender Wesen des buddhistischen Kosmos[67].

4.2 Achtsames Tätigsein: Samu und die Zen-Künste

Im Laufe der Zeit haben die großen Chán- und Zen-Meister[68] unter Einfluss taoistischer und konfuzianischer Vorstellungen noch verschiedene weitere Hilfsmittel bzw. Meditationstechniken zur Erlangung des ultimativen Ziels der vollkommenen Erleuchtung entwickelt. Eine der ältesten, einfachsten und gängigsten unter diesen Achtsamkeitsübungen richtet sich auf die eigene Atmung[69]. Auch die rituelle Rezitation von Sūtren[70], die Gehmeditation[71] und das achtsame körperliche Tätigsein[72] sind in den Chán- und Zen-Klöstern ein fester Bestandteil der täglichen Meditationspraxis geworden. Außerhalb der klösterlichen Kultur haben sich im Zuge einer „Zenisierung der japanischen Kultur" in einer höfischen Umgebung die Zen-Künsten (chin. 藝道 – „Yì dào") entwickelt, welche später unter dem Einfluss einiger Zen-Meister nach den Grundsätzen taoistischer Lehren zu halb-religiösen, hoch ästhetisierten Zen-Wegen (chin. 道 „Dào") modifiziert wurden. Zu den bekanntesten zählen die japanische Teezeremonie 茶道 (jap. „Chadō", korrekter: „Sadō"), der Zen-Garten 枯山水 (jap. „Kare-san-sui" – „trockene Landschaft"), die Zen-Kalligraphie 書道 (jap. „Shodō") und

---

[66] Bernard Faure: Buddhismus, S. 34 f.

[67] Vgl. ebd., Stichwort „Zen", S. 243.

[68] 老師 – chin. „Lǎoshī", jap. „Rōshī" – dt. „alter Meister". Vgl. Michael S. Diener: Das Lexikon des Zen, Stichwort „Kinhin", S. 122.

[69] Sino-jap. 数息観 – „Susokukan" – „Betrachtung des Zählens der Atemzüge". Vgl. Michael S. Diener: Das Lexikon des Zen, Stichwort „Susoku-Kan", S. 200.

[70] Skt. सूत्र, sino-jap. 經 – „Faden; Kette". Gemeint der literarische Topos von Lehrreden und dialogischen Unterweisungen, welche in der buddhistischen Tradition auf den historischen Buddha zurückgeführt werden. Vgl. Michael S. Diener: Das Lexikon des Zen, Stichwort „Sūtra", S. 201.

[71] 經行 – chin. „Jīng háng", jap. „Kinhin" – etwa: „gelaufenes Sūtra; Sūtrengang". Vgl. Michael S. Diener: Das Lexikon des Zen, Stichwort „Kinhin", S. 122.

[72] 作務 – chin. „zuò wù", jap. „Samu" – „Arbeitsdienst; achtsames Tätigsein". Vgl. Michael S. Diener: Das Lexikon des Zen, Stichwort „Samu", S. 175. Gemeint ist eine der Meditationseinheiten, bei denen versucht wird, einen meditativen Bewusstseinszustand aufrechtzuerhalten. Da dies in der heutigen Zeit oft über Reinigungsarbeiten auf dem Klostergelände geschieht, hört man im Deutschen auch gelegentlich die Verballhornung „PutZen" insbesondere für den japanischen Meditationsbuddhismus.

die Kunst des Blumensteckens 華道 (jap. „Kadō“, besser bekannt als 生け花 – „Ikebana“ – „lebendige Blumen“)[73].

4.3 „Der Klang der einen klatschenden Hand“ - Die Kōan-Praxis

> *Als einst der große Chán-Meister Mǎzǔ Dàoyī (709–788) mit seinem Schüler Bǎizhàng Huáihái unterwegs war, flog über ihnen ein Schwarm Wildenten vorbei.*
> *Der Meister fragte seinen Schüler: „Was war das?“*
> *„Wildenten!“, entgegnete ihm der Schüler.*
> *„Wohin sind sie geflogen?“, wollte Mǎzǔ nun wissen.*
> *„Sie sind weggeflogen!“, lautete Bǎizhàngs Antwort.*
> *Da ergriff der Meister blitzschnell die Nase seines Schülers und drehte sie um. Bǎizhàng schrie vor Schmerz.*
> *„Wieso weggeflogen?!“, wies ihn der Meister zurecht.*
> *Da überkam den Bǎizhàng das Große Erwachen.*[74]

Nach Ansicht der Begründer des sino-japanischen Meditationsbuddhismus entziehen sich die letzten und höchsten Einsichten in die „wahre Wirklichkeit der Dinge“ einer adäquaten Vermittlung durch Sprache (siehe hierzu die Punkte 2 und 6.2). Auch gibt es viele religiöse und philosophische Wahrheiten, die im Grunde genommen ganz einfach sind, sich aber nur unzureichend oder sehr umständlich und unter Gebrauch vieler Worte in Sprache fassen lassen (ein Gedanke, der sich in ähnlicher Form in allen mystischen Strömungen der großen Universalreligionen finden lässt). Daher haben die Meister des Meditationsbuddhismus die Früchte ihrer Erleuchtungserfahrung im Rahmen einer besonderen „Zen-Pädagogik“ in zahlreiche Rätsel und Lehrgeschichten[75] gefasst, welche als wohlmeinende Hilfestellung für die Zen-Schüler mit beredtem Schweigen das „Unsagbare“[76] zu vermitteln versuchen. Sie bieten dem Schüler am (in der Regel konstruierten) Vorbild der frühen Zen-Meister originelle Identifikationsmuster und veranschaulichen zugleich auf narrative Weise die zentralen Inhalte der Meditationsschule.

---

[73] Siehe hierzu Daisetz T. Suzuki (Autor), Jochen Eggert (Übersetzer): Zen und die Kultur Japans. Der Geist des Zen in Dichtung und Malerei, Theater, Tee-Weg, Garten- und Baukunst, Philosophie und den Kampfkünsten Japans. Bern; München; Wien 1994.
[74] Vgl. Dietrich Roloff: Cong-Rong-Lu. Aufzeichnungen aus der Klause der Gelassenheit. Die 100 Kōan des Shôyôroku. Oberstdorf 2008, S. 44.
[75] 公案 – chin. „Gōng'àn“, jap. „Kōan“, wörtlich: „öffentlicher Aushang“, im übertragenen Sinn auch „Prozessakte“, oder „juristischer Präzedenzfall“. Chinesische Gerichte waren wegen ihrer drakonischen Strafen gefürchtet, und so soll dieser Ausdruck die Ernsthaftigkeit und die hohe Bedeutung dieser „Fälle aus dem Archiv des Meditationsbuddhismus“ verdeutlichen.
[76] 不可說 – chin. „Bùkě Shuō“, jap. „Fukasetsu“ – „das Nicht-Sagbare“. Vgl. Michael S. Diener: Das Lexikon des Zen, Stichwort: „Fukasetsu“, S. 59.

Zugleich können sie, je nach Form und Inhalt der Geschichten, auch zur Überprüfung der Entwicklungsstandes bzw. der Fortschritte der Adepten[77] auf dem Weg zur vollkommenen Erleuchtung dienen, denn nur, wer die Prinzipien des Meditationsbuddhismus verinnerlicht hat bzw. die Erfahrung des Unsagbaren teilt, dem „leuchtet" der Sinn dieser Geschichten unmittelbar ein[78]. Allen anderen erscheinen sie als paradoxe, sinnlose und unverständliche Sätze und Anekdoten, wie z.B. das berühmte Kōan „Wie lautet das Klatschen einer einzelnen Hand?", welches auf die Überwindung diskursiv-dualistischen Denkens und die Beruhigung der inneren Gedankenflut abzielt. Erkennt der Schüler dies in spontaner erfahrender Einsicht, so hat er das Kōan gelöst.

Die Lösung des zu Beginn dieses Kapitels zitierten Kōans setzt die begreifende Kenntnis der Anattā-, der Advaita und der Pratītya-samutpāda-Lehre voraus (siehe Fußnoten 28, 30 und 43)[79]: Der Zen-Schüler Bǎizhàng Huáihái ist ego-zentrisch (sic!) im wörtlichen Sinn, setzt sich selbst in den Mittelpunkt der Welt, und von dort aus gesehen scheinen die Wildgänse in der Tat fort zu sein. Tatsächlich sind sie aber nicht „weg", sondern ganz bei sich und immer noch auf ihrem Weg. Der Meister veranschaulicht seinem Schüler dessen Fehler, indem er ihn bei seinem „Ich" packt, welches in der ostasiatischen Kultur durch die Nase repräsentiert wird. Meint ein Chinese oder Japaner sich, so zeigt er mit dem Finger auf seine Nase. Und auch die sino-japanischen Schriftzeichen für „Ich" 私 bzw. „Selbst" 自身 beinhalten als Sinn anzeigendes Element das Piktogramm einer Nase: 厶 bzw. 自[80]. Selbst, wenn die Wildgänse außer Sicht- und Reichweite scheinen, so sind sie im Sinne der Nicht-Dualität von Subjekt und Objekt sowie des universellen Kausalnexus doch immer noch mit allen anderen Phänomenen untrennbar verbunden und daher niemals „fort".

---

[77] Vgl. Janwillem van de Wetering: Reine Leere. Erfahrungen eine respektlosen Zen-Schülers. Reinbek bei Hamburg ⁴2003, S. 22 ff. Vgl. auch: Arul M. Arokiasamy: Warum Bodhidharma in den Westen kam oder Kann es ein europäisches Zen geben? Seeon 1995, S. 63-83.
[78] Vgl. ebd. Und Michael S. Diener: Das Lexikon des Zen: Stichwort „Kōan", ebd., S. 122 ff.
[79] Lösung durch den Verfasser.
[80] Vgl. Edith W. Lewald: Nicht überall schreibt man mit ABC. Die Bedeutung chinesischer und japanischer Schriftzeichen. München ⁴2004, S. 159. Vgl. auch Richard Sears: Chinese Etymology. http://www.chineseetymology.org/CharacterASP/CharacterEtymology.aspx?characterInput=自 (Zugriff am 15.09.2009)

5. Die zwei Hauptschulen des Chán- bzw. Zen-Buddhismus

Im Verlauf Blütezeit des chinesischen Chán sind verschiedene Meditationsschulen entstanden, von denen sich allerdings nur zwei bis in die Gegenwart halten konnten, nämlich die Schultradition nach *Línjì* (chin. 臨濟, jap. *Rinzai*, gest. 866 u.Zt.), und die konkurrierende Cáodòng-Schule (chin. 曹洞宗, jap. *Sōtō-shū*, im 9. Jh. gegründet). Beide Schulen wurden im 11. bzw. 12. Jh. nach Japan verpflanzt, wo sie sich weiter ausdifferenzieren konnten.

5.1 Rinzai-Zen

Gegen Ende der Heian-Zeit (794-1185 u.Zt.) geriet der Buddhismus in Japan durch politische Verstrickungen in eine schwere Krise. Der Wunsch nach einer Erneuerung des Buddhismus breitete sich unter einigen Mönchen aus, zu denen auch der Tendai-Mönch *Myōan Eisai* (jap. 明菴 栄西, 1141-1215) gehörte. Während zweier China-Reisen (1168 und 1187-1191) lernte er die Chán-Praxis in der Tradition des Línjì Yìxuán mit ihren strengen Prinzipien kennen und studierte sie intensiv. Im Zentrum dieser Schulrichtung steht die Lehre von einem plötzlich einsetzenden Erwachen zur Buddhaschaft, welches durch erschöpfend lange Versenkungsübungen, harte körperliche Arbeit, sowie ein intensives Kōan-Studium unter der Aufsicht eines erfahrenen Chán-Meisters forciert werden kann.

Zunächst stieß das Rinzai-Zen als ungeheuerliche Neuerung auf den erbitterten Widerstand des damaligen staatsbuddhistischen Establishments, jedoch gelang es Eisai bald, gute und feste Beziehungen zu der neuen Militärregierung (jap. 幕府 – „*Bafuku*") des im Jahr 1192 gegründeten Kamakura-Shōgunats (jap.: 鎌倉幕府) aufzubauen und dessen Protektion zu erwirken[81]. Damit begann die enge Verbindung der Rinzai-Richtung mit dem Kriegeradel, welcher mit der schlichten und harten, „männlichen" Zucht dieser neuen Schule wesentlich mehr anfangen konnte, als mit dem intellektuell-verweichlichten Buddhismus der luxuriös lebenden Hofaristokratie.

Eisai lernte in den Klöstern Chinas auch das zeremonielle Teetrinken kennen, welches von den Zen-Mönchen zwischen den langen Meditationseinheit als ein „Heilmittel

---

[81] Vgl. Robert Heinemann: „Tariki-Hongan und Jiriki": Erlösung durch Glauben und Selbstbefreiung durch Einsicht im Buddhismus Japans. In Heinz Bechert; Richard Gombrich: Der Buddhismus. Geschichte und Gegenwart, S. 278. Und Michael von Brück: Einführung in den Buddhismus, S.

gegen die Müdigkeit[82]" überaus geschätzt war. Es verbreitete sich rasch in den Klöstern Japans und wurde bald auch in der Oberschicht gepflegt.

Durch die massive politische und finanzielle Förderung durch die Eliten des Schwert- und des Hofadels gelangte diese Richtung rasch zu Reichtum und Ansehen, und auf der Grundlage dieses Reichtums konnten sich während der Kamakura-Zeit unter den weltlichen Anhängern des Rinzai die verschiedenen, oben genannten Zen-Künste entwickeln, die im Westen so begeisterten Anklang finden.

5.2 Sōtō-Zen

Die zweite und heute in Japan wesentlich weiter verbreitete Zen-Schule geht auf den japanischen Zen-Meister Dōgen (jap. 道玄, 1200-1253 u.Zt.) zurück, der ein Schülerenkel des Eisai war. Getrieben von der Frage: „Wenn alle Wesen die Buddha-Natur haben bzw. ursprünglich erleuchtet sind […], warum ist dann überhaupt *dharma*-Praxis notwendig?"[83], reiste er ebenfalls nach China, wo er vier Jahre lang in einem Kloster der Cáodòng-Schule ausgebildet wurde. Sōtō-Zen ist in seiner Praxis weit weniger dramatisch als das Rinzai-Zen: Es lehrt eine sich langsam und allmählich vollziehende, prozessuale Erleuchtungserfahrung, welche durch beharrliche Sitzmeditation erlangt wird[84].

Während die Rinzai-Mönche sich schon sehr früh in die Nähe der Reichen und Mächtigen begaben, zogen die Sōtō-Mönche eine größere Distanz zu den Eliten vor, gründeten ihre Tempel und Klöster eher in ländlichen Regionen und gewannen so ihre Anhängerschaft aus der Landbevölkerung:

「臨済将軍 曹洞士民」[85] („*Rinzai shōgun, Sōtō domin*" – „*Rinzai ist für den Shōgun, Sōtō für die Bauern*"), wie ein japanisches Sprichwort feststellt.

---

[82] Vgl. Soshitsu Sen: Chado – der Teeweg. Berlin ²1998, S. 16.
[83] Michael von Brück: Zen, S. 64.
[84] Vgl. Robert Heinemann: „Tariki-Hongan und Jiriki": Erlösung durch Glauben und Selbstbefreiung durch Einsicht im Buddhismus Japans. In Heinz Bechert; Richard Gombrich: Der Buddhismus. Geschichte und Gegenwart, S. 279.
[85] http://www.wordiq.com/definition/Rinzai_school (Zugriff am 12.09.2009)

6. Prägende Einflüsse aus der Mādhyamaka-Lehre, dem Taoismus und dem Konfuzianismus auf den Meditationsbuddhismus

Der Chán- bzw. Zen-Buddhismus ist, wie weiter oben gezeigt wurde, aus einer einzigartigen Synthese einheimisch-chinesischer Vorstellungen und Traditionen mit mahāyānistischen Lehren und Versenkungspraktiken hervorgegangen. Ergänzend hierzu folgt nun eine kurze Darstellung weiterer wesentlicher Elemente der indischen und chinesischen Philosophie, aus deren Adaption und Verschmelzung schließlich der sino-japanische Meditationsbuddhismus hervorgegangen ist.

6.1 Mādhyamaka-philosophische Elemente des Chán-Buddhismus

Die buddhistische Mādhyamaka-Philosophie[86] Nāgārjunas[87] steuerte als wesentliche Konzeptionen zum Chán-Buddhismus die Lehre von der „substantiellen Leerheit aller Phänomene" (skt. „*Śūnyatā*") bei, zudem betont sie in besonderer Weise die „ursächliche Verkettung aller Phänomene" (skt. „*Pratītya-samutpada*") und entwickelte einen transrationalen Weisheitsbegriff (skt. „*Prajñāpāramitā*"). Da Nāgārjuna um die Grenzen sprachlicher Vermittlung wusste, wenn es um mystische Einsichten geht, bediente er sich einer poetischen Ausdrucksweise in seinen Texten. In diesem Punkt trifft er sich mit den dezidiert sprach- und kulturskeptischen Ansichten des großen Zhuangzi[88], der als Mitbegründer des Taoismus gilt und ebenfalls Texte von hoher poetischer Ausdruckskraft schuf.

---

[86] Skt. माध्यमक – die Lehre des „Mittleren Wegs". Vgl. zum folgenden Edward Conze: Buddhistisches Denken. Drei Phasen buddhistischer Philosophie in Indien, Frankfurt a.M.; Leipzig 2007, S. 343-360. Und Michael von Bück: Einführung in den Buddhismus, S. 242-248. Des weiteren Volker Zotz: Geschichte der buddhistischen Philosophie, S. 125-137; 150-156. Sowie Diané Collinson; Robert Wilkinson; Kathryn Plant: Fifty Eastern Thinkers, S. 248 ff. Außerdem Ning Huang: Wie Chinesen denken. Denkphilosophie, Welt- und Menschenbilder in China. München 2008, S. 19 ff.

[87] Skt. नागार्जुन, er lebte um das 2. Jh. u.Zt. im Südosten Indiens.

[88] Chin. 莊子 – *Zhuāngzǐ* (nach älterer Transliteration auch: „*Chuang-tzu*" oder „*Dschuang Dsï*"), 396-286 u.Zt. Vgl. zum folgenden Eric Schwitzgebel: Zhuangzi's Attitude Toward Language and His Skepticism. In: Paul Kjellberg; Philip J. Ivanhoe: Essays on Skepticism, Relativism, and Ethics in the Zhuangzi. Albany (New York; USA) 1996, S. 68-96.

6.2 Taoistische Elemente im Chán bzw. Zen

Charakteristisch für das Denken Zhuangzis ist die skeptizistische Zurückweisung fest gefügter Doktrinen, die Betonung der alltäglichen Praxis gegenüber metaphysischen Spekulationen, die Forderung der vollen Präsenz und Aufmerksamkeit bei alltäglichen Handlungen[89], die Aufassung, dass es zwischen Alltagsleben und religiöser Praxis keine Trennung gibt, sowie die besondere Wertschätzung eines Lebens in Einklang mit der Natur[90]. Diesem geistig-spirituellen Hintergrund entstammt auch das am taoistischen Heiligen orientierte Idealbild eines klassischen Zen-Meisters[91], dessen verwirrende, geradezu kindliche Spontaneität und offen zur Schau gestellte Schrulligkeit ein äußeres Kennzeichen seiner Heiligmäßigkeit und seines Einblicks in „das Wesen der Dinge" ist[92]. Dieser während der späten Tang- und frühen Song-Zeit (9. und 10. Jh.) geschaffene und in die Vergangenheit projizierte[93] Archetyp des kauzigen Meisters stellt einen radikalen Gegenentwurf seitens taoistisch orientierter, reformwilliger Waldeinsiedler und Mönche in abseits gelegenen Tempeln gegen eine dekadent gewordene, scholastisch gebildete städtische Mönchselite dar, welche sich seit dem 5. Jahrhundert in China herausgebildet hat[94]. Ihr Protest zielte auf eine Rückbesinnung auf die Anfänge des Buddhismus, wie sie sich in der Überlieferung darstellt, und das „wahre Dharma" des historischen Buddha, die in ihrer Ursprünglichkeit wiederhergestellt werden sollte. Zugleich hatte der Widerstand der Chán-Meister die einfachen, frommen buddhistischen Laien im Blick, die durch den hohen Anspruch scholastischer Gelehrsam-

---

[89] Besonders dieser Aspekt der Lehre des Zhuangzi, kombiniert mit dem taoistischen Konzept der inneren Gedankenstille (chin. 無念 – „wúniàn" – „Nicht-Denken", bzw. 無心 – „wúxīn" – „Nicht-Bewußtheit"; Abgeschiedenheit des Geistes") und des Nicht-Handelns (chin. 無為 „wúwéi" – gemeint ist spontanes, unvorbedachtes Handeln in Einklang mit dem natürlichen Lauf der Dinge) war maßgeblich prägend für die Entwicklung der chinesischen und japanischen Zen-Künste. Zu den ausgewählten Begriffen vgl. Michael S. Diener: Das Lexikon des Zen, Stichworte: „Mushi", S. 147, und „Wu-wei", S. 229 f.
Berühmt ist das Beispiel eines Metzgers, dem Zhuangzi einmal bei der Arbeit zugesehen hatte, und welcher über beständiges Wiederholen seiner Handgriffe und Techniken die Anmut eines Tänzers erlangte, in völliger Harmonie sein *Dào* (chin. 道 – gemeint ist seine Handwerkskunst!) verwirklichend. Vgl. hierzu Fabian Heubel: Bioästhetische Selbsttechniken: Reflexionen zur französischen Zhuangzi-Forschung.
http://www.dgphil2008.de/fileadmin/download/Sektionsbeitraege/08-2_Heubel.pdf
(Zugriff am 20.06.2009)
[90] Zur harmonischen Synthese von Taoismus und Mahāyāna-Philosphie zum sino-japanischen Meditationsbuddhismus siehe Ray Grigg: The Tao of Zen. Edison (New Jersey; USA) 1999.
[91] Vgl. Michael von Brück: Einführung in den Buddhismus, S. 339.
[92] Vgl. der: Zen, S. 32.
[93] Vgl. ebd., S. 8. Ders.: Einführung in den Buddhismus, S. 322. Und John McRae: Seeing through Zen, S. 13; 119 ff.
[94] Vgl. Michael von Brück: Einführung in den Buddhismus, S. 322 ff.; 336-339. Und Erik Zürcher: Buddhismus in China, Korea und Vietnam. In Heinz Bechert; Richard Gombrich: Der Buddhismus. Geschichte und Gegenwart, S. 237.

keit überfordert waren[95] und nach einer Spiritualität suchten, die leicht zu adaptieren und in diesem Leben umzusetzen war[96].

Durch die intensive Begegnung mit dem Taoismus erfuhr das Mahāyāna in der chinesischen Kultur eine Überformung[97], aus welcher die doktrinäre Verlagerung von jenseitigen Heilserwartungen ins Diesseits erfolgte[98], und die schließlich maßgeblich für die Entstehung und Entwicklung des Chán war und sich bis heute in den (weitestgehend fiktionalen) Patriarchen-Legenden zeigt.

Trotz aller Konflikte mit dem Konfuzianismus gab es, gerade in Bezug auf die moralische Kultivierung des Menschen, die buddhistisch-ethischen Standards weitgehend entsprach[99], eine Reihe von Berührungspunkten, und auf Dauer konnte sich der Chàn-Buddhismus in einem fortlaufenden Transkulturationsprozess einer Anpassung an konfuzianische Vorstellungen und Normen nicht entziehen.

6.3 Konfuzianisierung des Chán-Buddhismus

Im Verlauf der Song-Zeit (chin. 宋朝 – *Sòngcháo*, 960-1279 u.Zt.) geschah in umfassender Anpassung an konfuzianische Gesellschaftsnormen ein radikaler Transformationsprozess des Chán: Es wurden zahlreiche Klöster dieser Strömung gegründet, die regen Zulauf erhielten und beständig wuchsen, und innerhalb der Mönchsgemeinschaften bildeten sich konfuzianischen Traditionen entsprechend streng hierarchische Strukturen heraus[100]. Chán-Meister waren als Ratgeber und Erzieher an den Höfen des Reiches gefragt und kamen in Kontakt mit der zeitgenössischen Dichtung, Kalligraphie und Tuschmalerei, was zu einer wechselseitigen Einflussnahme führte[101]. Es entwickelte sich so allmählich die Form eines von der Ästhetik des Hofes und der Eliten beeinflussten Meditationsbuddhismus in eindrucksvollen Klosterkomplexen, welche nun nach den Prinzipien der chinesischen Monumentalarchitektur errichtet wurden[102].

---

[95] Michael von Brück: Zen, S. 22.
[96] Vgl. Bernard Faure: Der Buddhismus, S. 47. Und Peter D. Hershock: Chan Buddhism, S. 70 ff.
[97] Vgl. Michael von Brück: Zen, S. 20.
[98] Siehe Punkt 4.2.
[99] Vgl. Michael von Brück: Zen, S. 20.
[100] Vgl. Erik Zürcher: Buddhismus in China, Korea und Vietnam. In Heinz Bechert; Richard Gombrich: Der Buddhismus. Geschichte und Gegenwart, 247 f.
[101] Vgl. Michael von Brück: Einführung in den Buddhismus. Frankfurt a.M.; Leipzig 2007, S. 357. Und Thomas F. Cleary: Introduction. In ders.: Classics of Buddhism and Zen. The Collected Translations of Thomas Cleary, 5 Bände. Band 1: Zen Lessons, Zen Essence, The Five Houses of Zen, Minding Mind, Instant Zen. Boston; London 2001, S. 5 ff.
[102] Vgl. Erik Zürcher: Buddhismus in China, Korea und Vietnam. In Heinz Bechert; Richard Gombrich: Der Buddhismus. Geschichte und Gegenwart, S. 247 f.

Die überlieferten Lehren des Meditationsbuddhismus wurden immer weiter formalisiert und kodifiziert, und es entstanden die großen Text- und Kommentar-Sammlungen der Chán-Literatur. Die klösterliche Praxis wurde dem konfuzianischen Ideal des Li^{103} entsprechend zunehmend durchritualisiert, wodurch starre und komplexe Liturgien und Verhaltenskodizes in den Klöstern entstanden. Die Meditationseinheiten folgten nun fest strukturierten Abläufen, die Rezitation heiliger Texte fand unter der rhythmischen Begleitung von Trommeln, Glocken und hölzernen Klangkörpern statt, und selbst die Mahlzeiten sind zu minutiös festgelegten Ritualen geworden.[104]

Im 8. Jh. führte die staatskonfuzianische Bürokratie zur besseren Kontrolle (und Eindämmung) eines rasant wachsenden buddhistischen Sanghas[105] die Vorschrift ein, neu ordinierten Mönchen ein Ordinationszeugnis auszuhändigen. Die buddhistischen Mönche waren verpflichtet, dieses Zeugnis außerhalb des Klosters als eine Art „geistlichen Pass" mit sich zu führen[106]. Im Laufe der Zeit wurde diesem Zeugnis auch eine religiöse Funktion beigemessen, denn dieses Dokument erhielt den Namen des ordinierenden Meisters, sowie dem konfuzianischen Sinn für genealogische Verwandtschaftsverhältnisse entsprechend auch die geistliche Stammlinie, zu welcher der Mönch gehörte[107]. Diese Stamm- bzw. Sukzessionslinien erhielten als Mittel der Identitätsbildung und zur Legitimation der eigenen Lehre und Praxis, aber auch zur Abgrenzung von konkurrierenden buddhistischen Schulen im chinesischen Meditationsbuddhismus eine besondere Bedeutung[108].

Die anhaltenden Spannungen zwischen taoistischer und konfuzianischer Option im chinesischen Buddhismus spiegeln sich übrigens in dem alten Streit wider, ob sich die Erleuchtung nun schlagartig-spontan, oder langsam und allmählich vollzieht: Während der Taoismus in einer unvermittelten Plötzlichkeit, intuitiven Spontaneität und dem passiven Empfangen des Natürlichen ein Kennzeichen von Heiligkeit sieht, idealisiert der

---

[103] Chin. 礼 (klass. 禮) — „*Ritus; Höflichkeit; Etikette; Wahrung der Sitten*".

[104] Vgl. Erik Zürcher: Buddhismus in China, Korea und Vietnam. In Heinz Bechert; Richard Gombrich: Der Buddhismus. Geschichte und Gegenwart, S. 247.

[105] Ein Pali-Terminus, von Sanskrit: संघ *Samgha* – „Menge, Schar; Versammlung": Im engeren Sinn sind das die ordinierten Mönche und Nonnen, sowie die Novizen im buddhistischen Orden, im weiteren Sinne können auch Laienanhänger hinzu gezählt werden. Vgl. Michael S. Diener: Das Lexikon des Zen, Stichwort „Sangha", S. 176.

[106] Vgl. Erik Zürcher: Buddhismus in China, Korea und Vietnam. In Heinz Bechert; Richard Gombrich: Der Buddhismus. Geschichte und Gegenwart, ebd., S. 236 f.; S. 248 f.

[107] Ebd., S. 249.

[108] Vgl. Bernard Faure: Chan Insights and Oversights, S. 270 f.

strukturkonservative, konventionalistische Konfuzianismus eine streng diszipliniert, allmählich fortschreitende geistige und sittliche Vervollkommnung des Menschen[109].

Kurz, bevor das chinesische Chán während der Ming-Zeit (chin. 明朝, 1368-1644 u.Zt.) unter dem Druck des Neo-Konfuzianismus mit anderen buddhistischen Schulen verschmolz und schließlich im Reich der Mitte als eigenständige Strömung unterging, wurde er im Zuge eines umfassenden Kulturimports[110] in das *„Land der aufgehenden Sonne"* (jap. 日本國 – „*Nihon-*" bzw. „*Nippon-koku*" = Japan) verpflanzt.

---

[109] Vgl. Michael von Brück: Einführung in den Buddhismus, S. 322. Eine umfassendere Untersuchung dieser Auseinandersetzung findet sich in Peter N. Gregory (Hg.): Sudden and Gradual. Approaches to Enlightenment in Chinese Thought. University of Hawaii Press, Honolulu 1987.
[110] Vgl. Robert Heinemann: „Tariki-Hongan und Jiriki": Erlösung durch Glauben und Selbstbefreiung durch Einsicht im Buddhismus Japans. In Heinz Bechert; Richard Gombrich: Der Buddhismus. Geschichte und Gegenwart, S. 258. Ebenso Michael von Brück: Einführung in den Buddhismus, S. 367.

7. Abschließende Bemerkungen

Auch, wenn sich heute im Westen unter dem Einfluss D. T. Suzukis die stereotype Ansicht festgesetzt hat, dass Zen die Essenz der japanischen Kultur darstellt und erst durch sie seine unverkennbare Prägung erhalten hat, so ist, wie sich oben z.B. unter Punkt 6 gezeigt hat, tatsächlich das Gegenteil der Fall: Alle Charakteristika des Zen-Buddhismus stammen aus dem chinesischen Kaiserreich der späten Tang- und der Song-Zeit (ca. 9.-12. Jh. u.Zt.), und Japan hat nichts wirklich Neues hinzugefügt[111]. Doch hat sich die japanische Kultur im Zuge ihrer massiven Selbst-Sinisierung seit dem 5. und 6. Jh. u.Zt.[112] viel stärker auf den chinesischen Buddhismus eingelassen, als dies bei der chinesischen Kultur der Fall war. Letztgenannter ist es gelungen, in einem Jahrhunderte währenden Prozess einer fest in der altindischen Kultur verwurzelten Religion ihren unverkennbaren Stempel aufzudrücken und sie so ihren eigenen Werten und Kulturstandards gemäß in eine echte chinesische Religion und tragende Säule der „drei Schulen"[113] zu transformieren („Sinisierung")[114].

Zen hat, wie sich gezeigt hat, an allen Orten und zu allen Zeiten seit Beginn seiner allmählichen, polyzentrischen Ausformung im Reich der Mitte seine eigenen *Wahrheiten* hervorgebracht. Sie sind nicht notwendig als „Deformationen des Buddhismus" zu sehen, sondern eher als ein Ausdruck seiner vitalen Anpassungsfähigkeit an vorgefundene An- bzw. Herausforderung, sowie seiner besonderen Fähigkeit, fremde Lehren und Ausdrucksformen in sich zu integrieren, indem auf Verknüpfungspunkte oder Parallelen im eigenen Überlieferungsschatz zurückgegriffen wird.

---

[111] Vgl. Michael von Brück: Zen, S. 69.
[112] Vgl. ebd., S. 57 ff.; ders: Einführung in den Buddhismus, S. 367-408. Und Robert Heinemann: „Tariki-Hongan und Jiriki": Erlösung durch Glauben und Selbstbefreiung durch Einsicht im Buddhismus Japans. In Heinz Bechert; Richard Gombrich: Der Buddhismus. Geschichte und Gegenwart, S. 252-285.
[113] Chin. 三教, „*Sānjiào*", jap. „*Sangyō*"; gemeint ist die im Neo-Konfuzianismus postulierte Einheit von Taoismus, Konfuzianismus und Buddhismus im sino-japanischen Kulturkreis.
[114] Detailreiche Darstellungen zur umfassenden Transformation des Buddhismus in China bieten u.a. Erik Zürcher: The Buddhist Conquest of China. The Spread and Adaptation of Buddhism in Early Medieval China, Leiden ³2007 (¹1959, 2 Bdd.), und Kenneth K. S. Chen: Chinese Transformation of Buddhism. Princeton (New Jersey; USA) 1973. Siehe auch Erik Zürcher: Buddhismus in China, Korea und Vietnam. In Heinz Bechert; Richard Gombrich: Der Buddhismus. Geschichte und Gegenwart, S. 215-241. Und Michel von Brück: Einführung in den Buddhismus, S. 312-360.

Die „religiöse Wahrheitsfrage" hat für einen Religionswissenschaftler nach Vollzug der kulturwissenschaftlichen Wende[115] innerhalb der Grenzen seines Fachs heute keine Relevanz mehr. Unter Anwendung des „Thomas-Theorems"[116] (im erweiterten Sinne) fragt die moderne Religionswissenschaft weltanschaulich neutral nach dem, was religiöse Individuen für *wahr halten*. Denn es sind eben diese individuellen gläubigen Annahmen (sic!) in Bezug auf religiöse Inhalte bzw. Sachverhalte, die zur Schaffung konkreter innerweltlicher Realität(en) durch Einwirkung auf die jeweilige (soziale und geographische) Umwelt beigetragen haben. Diese sind mit den Mitteln der Religionsökonomie, -ökologie, -soziologie, -philologie etc. erforschbar und können methodisch-kritisch entweder verifiziert, oder verworfen werden.

Die Klärung der Frage hingegen, was Zen *wirklich* ist und welche Inhalte und Überlieferungsstränge als „authentisch" zu gelten haben, bleibt den religiösen Spezialisten bzw. Virtuosen im innerreligiösen Diskurs der verschiedenen Zen-Schulen vorbehalten.

---

[115] Vgl. hierzu Burkhard Gladigow: Gegenstände und wissenschaftlicher Kontext von Religionswissenschaft. In Hubert Cancik; ders. u.a. (Hgg.): Handbuch religionswissenschaftlicher Grundbegriffe (= HrwG), Bd. 1, Stuttgart u.a. 1988, S. 26-40; hier: S. 32 ff. Vgl. zur paradigmatischen Wende zur Kulturwissenschaft außerdem ders. (Verf.); Christoph Auffarth, Jörg Rüpke (Hgg.): Religionswissenschaft als Kulturwissenschaft. Reihe „Religionswissenschaft heute", Stuttgart 2005. Sowie Hans G. Kippenberg; Kocku von Stuckrad: Einführung in die Religionswissenschaft. Gegenstände und Begriffe. München 2003, S. 11 ff. Zur Verhältnisbestimmung von Religionswissenschaft und Theologie vgl. den fachhistorischen Überblick in Klaus Hock: Einführung in die Religionswissenschaft. Darmstadt 2002, S. 162-170.

[116] Vgl. zur aktuellen Bedeutung des Thomas-Theorems in der Religionswissenschaft Hubert Knoblauch: Religionssoziologie, S. 11. Das Thomas-Theorem geht auf die amerikanischen Soziologen William Isaac Thomas (1863-1947) und Dorothy Swaine Thomas (1899-1977) zurück und steht ursprünglich im Zusammenhang mit so genannten „Selbsterfüllenden Prophezeiungen" im Kontext der Wirtschaftssoziologie. Wörtlich besagt es: *"If men define situations as real, they are real in their consequences."* Zit. in Robert K. Merton: The Thomas Theorem and The Matthew Effect. In: Social Forces, No. 74 (2), The University of North Carolina Press 1995, S. 380. Abrufbar als PDF-Datei unter: http://garfield.library.upenn.edu/merton/thomastheorem.pdf (Zugriff am 19.09.2009).

8. Verwendete und weiterführende Literatur

8.1 Sekundärliteratur

Arokiasamy, Arul M.: Warum Bodhidharma in den Westen kam *oder* Kann es ein europäisches Zen geben? Seeon 1995.

Baatz, Ursula: Erleuchtung trifft Auferstehung. Zen-Buddhismus und Christentum. Eine Orientierung. Stuttgart 2009.

Baird, David: Tausend Wege zum Zen. München 2005

Baumann, Martin; Prebish, Charles S.: Paying Hommage to the Buddha in the West. In: Dies. (Hgg.): Westward Dharma. Buddhism beyond Asia. Berkeley; Los Angeles; London 2002.

    Ders.: Global Buddhism. Developmental Periods, Regional Histories, and a New Analytical Perspective. In: Journal of Global Buddhism 2 (2001).

    Prebish, Charles S.; Ders. (Hgg.): Westward Dharma. Buddhism beyond Asia. Berkeley; Los Angeles; London 2002.

    Ders.: Deutsche Buddhisten. Geschichte und Gemeinschaften. Religionswissenschaftliche Reihe, Bd. 5. Marburg ²1995.

Beyreuther, Sabine: Art. Zen-Buddhismus. In: Metzler Lexikon Religion Bd. 3, Stuttgart; Weimar 2005 (Unveränderte Sonderausgabe), S. 702-708.

Brück, Michael von: Zen. Geschichte und Praxis. München 2004.

    Ders.: Einführung in den Buddhismus. Frankfurt a.M.; Leipzig 2007.

Chen, Kenneth K. S.: Chinese Transformation of Buddhism. Princeton (New Jersey; USA) 1973.

Cleary; Thomas F.: Introduction. In: Des.: Classics of Buddhism and Zen. The Collected Translations of Thomas Cleary, 5 Bände. Band 1: Zen Lessons, Zen Essence, The Five Houses of Zen, Minding Mind, Instant Zen. Boston; London 2001

Conze, Edward: Buddhistisches Denken. Drei Phasen buddhistischer Philosophie in Indien, Frankfurt a.M.; Leipzig 2007.

Diener, Michael S.: Das Lexikon des Zen. Grundbegriffe und Lehrsysteme, Meister und Schulen, Literatur und Kunst, meditative Praktiken, Geschichte, Entwicklung und Ausdrucksformen von ihren Anfängen bis heute. Vollst. Taschenbuchausgabe München 1996.

Dumoulin, Heinrich: Zen im 20. Jahrhundert. Frankfurt a.M. 1993.

Ders.: Geschichte des Zen-Buddhismus.
- Bd. 1: Indien und China. Bern; München 1985.
- Bd. 2: Japan. Bern; München 1986.

Essler, Wilhelm K.; Ulrich Mamat: Die Philosophie des Buddhismus. Darmstadt 2006.

Faure, Bernard: Buddhismus. Ausführungen zum besseren Verständnis, Anregungen zum Nachdenken. Bergisch Gladbach 1998.

Ders.: Der Buddhismus. Bern; München; Wien 1998.

Ders.: Chan Insights and Oversights. An Epistemological Critique of the Chan Tradition. Princeton (New Jersey; USA) [2]1996.

Figl, Johann (Hg.): Handbuch Religionswissenschaft. Religionen und ihre zentralen Themen. Innsbruck; Göttingen u.a. 2003

Gladigow, Burkhard: Gegenstände und wissenschaftlicher Kontext von Religionswissenschaft. In Hubert Cancik; ders. u.a. (Hgg.): Handbuch religionswissenschaftlicher Grundbegriffe (= HrwG), Bd. 1, Stuttgart u.a. 1988, S. 26-40.

Ders. (Verf.); Christoph Auffarth, Jörg Rüpke (Hgg.): Religionswissenschaft als Kulturwissenschaft. Reihe „Religionswissenschaft heute", Stuttgart 2005.

Gombrich, Richard: Der Buddhismus im alten und mittelalterlichen Indien. In Heinz Bechert; ders.: Der Buddhismus. Geschichte und Gegenwart, S.71-107.

Gregory, Peter N. (Hg.): Sudden and Gradual. Approaches to Enlightenment in Chinese Thought. University of Hawaii Press, Honolulu 1987.

Greschat, Hans-Jürgen: Buddhismus. In: Johann Figl (Hg.): Handbuch Religionswissenschaft. Religionen und ihre zentralen Themen. Innsbruck; Göttingen u.a. 2003, S. 348-367.

Grigg, Ray: The Tao of Zen. Edison (New Jersey; USA) 1999.

Hall, David L.; Ames, Roger T.: Thinking Through Confucius. Albany (New York; USA) 1987.

Hall, John W.: Das japanische Kaiserreich. Fischers Weltgeschichte, Band 20, Frankfurt a.M. [14]2006.

Hammitzsch, Horst: Zen in der Kunst des Teewegs. Bern; München; Wien [8]1997.

Heine, Steven: Zen Skin, Zen Marrow. Will the Real Zen Buddhism Please Stand Up? New York (USA) 2008.

Heinemann, Robert: „Tariki-Hongan und Jiriki": Erlösung durch Glauben und Selbstbefreiung durch Einsicht im Buddhismus Japans. In Heinz Bechert; Richard Gombrich: Der Buddhismus. Geschichte und Gegenwart, S. 252-292.

Hershock, Peter D.; Ames, Roger T. (Hgg.): Confucian Cultures of Authority. Albany (New York; USA) 2006.

Hierzenberger, Gottfried: Der Glaube der Chinesen und Japaner. Kevelaer 2003.

Hirschberger, Johannes: Geschichte der Philosophie. Sonderausgabe der 14. Auflage in 2 Bänden, Freiburg i.Br. 1991. Band 1: Altertum und Mittelalter.

Hock, Klaus: Einführung in die Religionswissenschaft. Darmstadt 2002.

Huang, Ning: Wie Chinesen denken. Denkphilosophie, Welt- und Menschenbilder in China. München 2008.

Jiang, Tao: Intimate Authority. The Rule of Ritual in Classical Confucian Political Discourse. In: Hershock, Peter D.; Ames, Roger T. (Hgg.): Confucian Cultures of Authority. Albany (New York; USA) 2006, S. 21-47.

Kippenberg, Hans G.; Stuckrad, Kocku von: Einführung in die Religionswissenschaft. Gegenstände und Begriffe. München 2003

Kjellberg, Paul; Ivanhoe, Philip J.: Essays on Skepticism, Relativism, and Ethics in the Zhuangzi. Albany (New York; USA) 1996.

Lamotte, Étienne: Der Mahāyāna-Buddhismus. In Heinz Becher; Richard Gombrich: Der Buddhismus. Geschichte und Gegenwart, S. 33-70.

Lewald, Edith W.: Nicht überall schreibt man mit ABC. Die Bedeutung chinesischer und japanischer Schriftzeichen. München [4]2004.

McMahan, David L.: Repackaging Zen for the West. In: Charles S. Prebish; Martin Baumann (Hgg.): Westward Dharma. Buddhism Beyond Asia, Berkeley (California; USA) 2002, S. 218-229.

McRae, John: Seeing through Zen. Encounter, Transformation, and Genealogy in Chinese Chan Buddhism. Berkeley (California; USA) 2003.

Ders. Introduction. In Heinrich Dumoulin: Zen-Buddhism: A History. Vol. I: India and China. World Wisdom Books: Bloomington (Indiana; USA) 2005, S. XXVII–XLII.

Merton, Robert K.: The Thomas Theorem and The Matthew Effect. In: Social Forces, No. 74 (2), The University of North Carolina Press 1995.

Moebius, Stephan; Quadflieg, Dirk (Hgg.): Kultur. Theorien der Gegenwart. Wiesbaden 2006.

Münkler, Herfried: Imperien. Die Logik der Weltherrschaft. Bonn 2005 (Lizenzausgabe für die BpB).

Naumann, Nelly: Die Mythen des alten Japan. München 1996.

Dies.: Die einheimische Religion Japans. Teil 1: Bis zum Ende der Heian-Zeit. (Handbuch der Orientalistik, 5. Abt., 4. Bd.). Leiden u.a. 1988 .

Dies.: Die einheimische Religion Japans. Teil 2: Synkretistische Lehren und religiöse Entwicklungen von der Kamakura- bis zum Beginn der Edo-Zeit. (Handbuch der Orientalistik, 5. Abt., 4. Bd.). Leiden u.a. 1994.

Ono, Sokyo: Shinto. The Kami Way. Boston (MA; USA) 2004 (Nachdruck der Erstauflage von 1962).

Pohl, Manfred: Geschichte Japans. München ³2005, S. 28 ff.

Pratt, Mary L.: Imperial Eyes. Travel writing and transculturation. London; New York 1992.

Prohl, Inken; Zinser, Hartmut (Hgg.): Zen, Reiki, Karate. Japanische Religiosität in Europa. Reihe: BUNKA - WENHUA. Tübinger Ostasiatische Forschungen. Tuebingen East Asian Studies, Band 2, Münster; Hamburg; London 2002.

Reader, Ian: Simple Guide to Shinto. The Religion of Japan. Kent (GB) ²2001.

Reinmuth, Eckart: Hermeneutik des Neuen Testaments. Eine Einführung in die Lektüre des Neuen Testaments. Göttingen 2002.

Röd, Wolfgang: Der Weg der Philosophie. Von den Anfängen bis in 20. Jahrhundert, 2 Bände. Erster Band: Altertum, Mittelalter, Renaissance. München 1994.

Roloff; Dietrich: Cong-Rong-Lu. Aufzeichnungen aus der Klause der Gelassenheit. Die 100 Kôan des Shôyôroku. Oberstdorf 2008.

Schuhmacher, Stephan: Zen. Kreuzlingen/München 2001.

Schwitzgebel, Eric: Zhuangzi's Attitude Toward Language and His Skepticism. In: Kjellberg, Paul; Ivanhoe, Philip J.: Essays on Skepticism, Relativism, and Ethics in the Zhuangzi. Albany (New York; USA) 1996, S. 68-96.

Sen, Soshitsu: Chado – der Teeweg. Berlin ²1998.

Sharf, Robert H.: The Uses and Abuses of Zen in the Twentieth Century. In: Prohl, Inken; Zinser; Hartmut (Hgg.): Zen, Reiki, Karate. Japanische Religiosität in Europa, S. 143-154.

St. Ruth, Diana und Richard: Zen Buddhism. Reihe: Simple Guides, London 2008.

Worschech, Alexander: Lost in Transculturation. Eine Analyse der spätviktorianischen Japan-Repräsentation aus postkolonialer Perspektive. Reihe: Literatur, Imagination, Realität; Bd. 38. Trier 2006.

Wright, Dale S.: Philosophical Meditations on Zen Buddhism. Reihe: Cambridge Studies in Religious Traditions, Volume 13, Cambridge 2000.

Yusa, Michiko: Japanische Religionen. Spannung zwischen Tradition und Moderne. Freiburg i.Br. 2007.

Zotz, Volker: Geschichte der buddhistischen Philosophie. Reinbeck bei Hamburg 1996.

Zürcher, Erik: Buddhismus in China, Korea und Vietnam. In Heinz Bechert; Richard Gombrich: Der Buddhismus. Geschichte und Gegenwart, 215-251.

> Ders.: The Buddhist Conquest of China. The Spread and Adaptation of Buddhism in Early Medieval China, Leiden [3]2007 ([1]1959, 2 Bdd.).

8.2 Quellenliteratur

Enomiya-Lassalle, Hugo M. (hg. v. Günter Stachel): Kraft aus dem Schweigen. Einübung in die Zen-Meditation. Zürich, Düsseldorf [4]1998.

Herrigel, Eugen (hg. v. Hermann Tausend): Zen in der Kunst des Bogenschießens. Der Zen Weg. Lizenzausgabe, Frankfurt a.M. 2004.

Kapleau, Philip: Die Drei Pfeiler des Zen. Lehre – Übung – Erleuchtung. München [14]2004.

Nhat Hanh, Thich: Das Wunder der Achtsamkeit. Einführung in die Meditation. Berlin [11]2002

> Ders.: Schlüssel zum Zen. Der Weg zu einem achtsamen Leben. Freiburg i.Br. [2]2002.

Sach, Jacky; Faust, Jessica: Zen. Entspannung für Körper und Geist, Kraft und Frieden für die Seele. München 2004.

Sahn, Seung (Dae Soen Sa Nim): Buddha steht Kopf. Die Lehre des Zen-Meisters Seung Sahn. Bielefeld 1990.

Suzuki, Daisetz T.: *Die große Befreiung: Einführung in den Zen-Buddhismus.* München u.a. [20]2003.

> Ders.: Zen und die Kultur Japans. Frankfurt a.M. 2000.

8.3 Internetquellen

http://www.buddhist-bookshop.com/periodical/pdf/psc38.pdf
(Abgerufen am 08.10.2008)

http://www.drbachinese.org/online_reading/sf_others/Bodhidharma/b02.htm
(Stand: 08.07.2009)

http://garfield.library.upenn.edu/merton/thomastheorem.pdf
(Zugriff am 19.09.2009).

http://www.metta.lk/tipitaka/2Sutta-Pitaka/2Majjhima-Nikaya/Majjhima1/036-mahasaccaka-sutta-e2.html
(Stand: 23.06.2009)

http://www.wordiq.com/definition/Rinzai_school
(Letzter Zugriff am 12.09.2009)

„China als Vorbild. Chinabegeisterung und Chinamode in Europa."
Internetbeitrag zur gleichnamigen Ausstellung in der Bibliothek der Fachhochschule Konstanz 2000-2001.
http://ausstellungen.bibliothek.htwg-konstanz.de/china/09_chinabegeisterung.htm
(Zugriff am 20.09.2009)

Heubel, Fabian: Bioästhetische Selbsttechniken: Reflexionen zur französischen Zhuangzi-Forschung.
http://www.dgphil2008.de/fileadmin/download/Sektionsbeitraege/08-2_Heubel.pdf
(Zugriff am 20.06.2009)

Leyer, Sylvia (Übers.): Teisho in La Gendronnière, August 2007: Das zweite der Großen Gelübde des Bodhisattva.
http://www.abzen.eu/content/view/65/125/lang,de/
(Letzter Zugriff am 15.09.2009)

Sakamoto, Koremaru: Artikel: Shinbutsu Bunri. In: Encyclopedia of Shinto (EOS). Kokugakuin-University, Tokyo, Japan, 2002-2006.
http://eos.kokugakuin.ac.jp/modules/xwords/entry.php?entryID=1110
(Stand: 28.02.2007; letzter Zugriff am: 10.09.2009)

Shirayama, Yoshitarō: Artikel: Shinkokushisō. In: EOS.
http://eos.kokugakuin.ac.jp/modules/xwords/entry.php?entryID=1351
(Stand: 30.03.2007; letzter Zugriff am 25.09.2009)

Scheid, Bernhard: Religion in Japan. Ein Web-Handbuch.
Abschnitt: „Gängige stereotype Ansichten über Religion in Japan";
http://www.univie.ac.at/rel_jap/einfuehrung/stereotype.htm#zen
(Stand: 10.03.2009, letzter Zugriff am 12.09.2009)

Sears, Richard: Chinese Etymology.
http://www.chineseetymology.org/CharacterASP/CharacterEtymology.aspx?cha
racterInput=自
(Letzter Zugriff am 15.09.2009)

Online-Wörterbuch „Sanskrit" nach Monier Williams, rev. Fassung von 2008:
http://www.sanskrit-lexicon.uni-koeln.de/monier/

Online-Wörterbuch „Chinesisch-Deutsch" der Chinesisch-Deutschen Gesellschaft
Hamburg e.V.;
http://www.chinaboard.de/chinesisch_deutsch.php.

Bibiko; Hans-Jörg: Japanisch-Deutsches Kanji-Lexikon. Basierend auf Mark Spahn;
Wolfgang Hadamitzky: Langenscheidt Großwörterbuch Japanisch-Deutsch" Berlin;
München 1997.
http://lingweb.eva.mpg.de/kanji/

Über den Autor

Frank Drescher, geboren am 18.10.1975 in Duisburg. Studium der katholischen Theologie, Philosophie und Religionswissenschaft in Münster, Aachen, Bochum und Bonn. Magister Artium in 2010 an der WWU Münster mit einer Arbeit über den sino-japanischen Meditationsbuddhismus ("Zen").

Nach mehrjähriger erfolgreicher Berufstätigkeit in der freien Wirtschaft in den Bereichen Marketing, Vertrieb und Business Development, derzeit theologische Aufbaustudien am St. Patrick's College Maynooth, Irland.